U0319469

健康活力唤醒系列

八段锦

五禽戏

易筋经

六字诀

太极拳

（视频学习版）

《健康活力唤醒》编写组　编

化学工业出版社

·北京·

内 容 简 介

　　《八段锦　五禽戏　易筋经　六字诀　太极拳（视频学习版）》，每天 10 分钟，充分吸收传统健身功法精髓，强身健体，延年益寿。

　　•详细点拨传统健身功法的习练要点，既图文结合，又穿插视频，一看就明白，一学就能会。

　　•一本书学 5 套健身功法，高性价比内容编排，细化到每一个动作，一招一式都清晰分解技术要领。

　　•5 套健身功法都配有讲解视频，即便是初学者在自学时遇到困难也可以得到更加形象和具体的指导。

　　《八段锦　五禽戏　易筋经　六字诀　太极拳（视频学习版）》致力于帮助热爱传统武术、崇尚运动养生的读者轻松实现健身梦想。

图书在版编目（CIP）数据

　　八段锦　五禽戏　易筋经　六字诀　太极拳：视频学习版 /《健康活力唤醒》编写组编. —北京：化学工业出版社，2023.7

　　（健康活力唤醒系列）

　　ISBN 978-7-122-43330-5

　　Ⅰ．①八… Ⅱ．①健… Ⅲ．①武术 – 基本知识 – 中国 Ⅳ．①G852

　　中国国家版本馆 CIP 数据核字（2023）第 070736 号

责任编辑：宋　薇	装帧设计：张　辉
责任校对：李露洁	版式设计：梧桐影

出版发行：化学工业出版社（北京市东城区青年湖南街 13 号　邮政编码 100011）
印　　装：天津市银博印刷集团有限公司
710mm×1000mm　1/16　印张 8½　字数 181 千字　2024 年 10 月北京第 1 版第 1 次印刷

购书咨询：010-64518888　　　　　　　　　　售后服务：010-64518899
网　　址：http://www.cip.com.cn
凡购买本书，如有缺损质量问题，本社销售中心负责调换。

定　　价：59.80 元

第一部分 八段锦

第二部分 五禽戏

第五部分 24式太极拳

特 别 说 明

    书中展示图片拍摄于动作过程中的某一时刻，并不能完全表达动作的完整性，故除图文之外，配有详细演示视频，供详细参考。

第一部分

八段锦

一、八段锦的起源

八段锦功法是一套独立而完整的健身功法，起源于北宋，有八百多年的历史。古人把这套动作比喻为"锦"，意为五颜六色，美而华贵。体现其动作舒展优美之态，视其为"祛病健身，效果极好；编排精致，动作完美"。现代的八段锦在内容与名称上均有所改变，因此功法分为八段，每段一个动作，故名为"八段锦"。练习时无需器械，不受场地局限，简单易学，节省时间，作用显著。适合于男女老少，可使瘦者健壮，胖者减重。

1. 坐势和立势

八段锦之名，最早出现在北宋洪迈所著《夷坚志》中："政和七年，李似矩为起居郎……尝以夜半时起坐，嘘吸按摩，行所谓八段锦者。"说明八段锦在北宋已流传于世，并有坐势和立势之分。

2. 南北两派

八段锦被分为南北两派。行功时动作柔和，多采用站式动作的，被称为南派，据称为梁世昌所传；动作多马步，以刚为主的，被称为北派，相传为岳飞所传。从文献和动作上考据，不论是南派还是北派，都同出一源。

3. 功能

八段锦根据不同的功能可分为健身八段锦、祛病八段锦和养生八段锦三类。其中，健身八段锦的习练重点在于壮力；祛病八段锦也称坐式八段锦，其对应着机体的五脏六腑，不同的习练动作可治疗不同的病症，因此具有很好的祛病功效；养生八段锦的习练宗旨与以上两者都不同，其目的在于提高体质、延年益寿。由于其动作简单、方法易记、流传较广，所以本书以养生八段锦为主。

二、八段锦的功法特点

1. 柔和缓慢，圆活连贯

柔和，是指习练时动作不僵不拘，轻松自如，舒展大方。

缓慢，是指习练时身体重心平

稳，虚实分明，轻飘徐缓。

圆活，是指动作路线带有弧形，不起棱角，不直来直往，符合人体各关节自然弯曲的状态。它是以腰脊为轴带动四肢运动，上下相随，节节贯穿。

连贯，是要求动作的虚实变化和姿势的转换衔接无停顿断续之处。

2. 松紧结合，动静相宜

松，是指习练时肌肉、关节以及中枢神经系统、内脏器官放松。在意识的主动支配下，逐步达到呼吸柔和、心静体松的状态。同时松而不懈，保持正确的姿态，并将这种放松程度不断加深。

紧，是指习练中适当用力，且缓慢进行，主要体现在前一动作的结束与下一动作的开始之间。

动，就是在意念的引导下，动作轻灵活泼、节节贯穿、舒适自然。

静，是指在动作的节分处做到沉稳。

三、八段锦的基本动作

▶ 微信扫码 ◀

1. 基本手型

（1）拳

用拇指抵掐无名指的指根，其余四指弯曲收于掌心，即握固。

（2）掌

掌一：五指稍分开，微屈，掌心微含。

掌二：拇指与食指分开成八字状，食指竖起，其余三指的第1、第2指节屈收，掌心微含。

（3）爪

伸直手掌，将拇指第1指节及其余四指的第1、第2指节屈收扣紧。

2.基本步型

马步：双腿平行开立，双脚之间的距离为本人脚长的2～3倍，然后下蹲，脚尖平行向前。双膝向外撑，膝盖不能超过脚尖，大腿与地面平行，同时胯向前内收，臀部勿凸出。

四、八段锦的动作讲解

预备式

　　左脚开步，双脚与肩同宽。屈膝下蹲，掌抱腹前。中正安舒，呼吸自然，心神宁静，意守丹田。

第一段　两手托天理三焦

（1）上托（吸气）

十指交叉。

两臂分别自左右身侧徐徐向上高举过头，翻转掌心极力向上托，使两臂充分伸展，恰似伸懒腰状。同时缓缓抬头上观，缓缓吸气。

（2）下落（呼气）

目视前方，身体重心缓缓下降，两腿微屈，两臂分别从身体两侧下落，随后两掌捧于腹前，掌心向上。

如此两掌上托下落，练习4～8次。此式以调理三焦为主，除充分伸展肢体和调理三焦外，对腰背痛、背肌僵硬、颈椎病、眼疾、便秘、痔疮、腿部脉管炎等也有一定的预防作用。此式还是舒胸、消食通便、固精补肾、强壮筋骨、解除疲劳等的极佳方法。此式用以预防脉管炎时，要取高抬脚跟的做法。要反复练习。

第二段　左右开弓似射雕

（1）搭腕（吸气）

身体重心右移，开步站立，两脚略宽于肩。上体正直，两掌向上交叉于胸前，掌心向内。

（2）推手（呼气）

两腿屈膝成马步，右手屈指成爪，掌心向内，向右拉至肩前；同时，左掌食指与拇指呈八字形撑开，左手缓缓向左平推，坐腕，掌心向左，如拉弓状。眼看左手。

骨骼肌肉得到锻炼和增强，有助于保持正确姿势，矫正两肩内收、圆背等不良姿态。

第三段　调理脾胃臂单举

（1）上举（吸气）

左手自身前成竖掌向上高举，继而翻掌上撑，指尖向右；同时右掌心向下按，指尖朝前。

重复动作（1）和（2），但方向相反，如此左右开弓各 4 ~ 8 次。

这一动作重点是改善胸椎、颈部的血液循环。临床上对脑震荡引起的后遗症有一定的预防作用。同时对上焦、中焦内的各脏器尤其是心肺给予节律性按摩，因而增强了心肺功能。通过扩胸伸臂，使胸胁部和肩臂部的

重复动作（1）和（2），但方向相反。如此左右手交替上举各4～8次。

（2）下落（呼气）

身体重心缓缓下降，两腿微屈，同时左手翻掌在身前下落，右掌向上捧于腹前，两掌指尖相对。

这一动作主要作用于中焦，肢体伸展宜柔、宜缓。由于两手交替一手上举另一手下按，上下对拔拉长，使两侧内脏和肌肉受到协调牵引，特别是使肝、胆、脾、胃等脏器受到牵拉，从而促进了胃肠蠕动，增强了消化功能。长期坚持练习，对上述脏器疾病有预防作用。熟练后亦可配合呼吸，上举吸气，下落呼气。

第四段　五劳七伤往后瞧

（1）后瞧（吸气）

两脚平行开立，与肩同宽。头颈缓缓向左拧转，眼看后方，同时配合吸气。

重复动作（1）和（2），但方向相反。如此左右后瞧各 4 ～ 8 次。

由于头颈的反复拧转运动加强了颈部肌肉的伸缩能力，改善了头颈部的血液循环，有助于解除中枢神经系统的疲劳，增强和改善其功能。此式对预防颈椎病、高血压、眼病有良好的效果。此式不宜只做头颈部的拧转，要全脊柱甚至两大腿也参与拧转，只有这样才能促进五脏健壮，对改善静脉血的回流有更大的效果。

第五段　摇头摆尾去心火

（1）上托（吸气）

右脚开步，同时双手靠近，掌心向上，托至胸前，两臂内旋，两掌翻转向上，分托至头顶。

（2）转正（呼气）

头颈带动上身徐徐向右转，恢复向前平视。同时配合呼气，全身放松。

（2）下按（呼气）

　　双臂打开至体侧，手掌心向下；同时呼气，马步下蹲，两手放大腿上。

（3）右倾（吸气）

　　身体右倾，吸气，向左旋。

（4）摇头（呼气）

摇头，呼气，摆尾一圈至正面。

（5）重复动作（1）～（4），但方向相反。如此左右交替进行各做4～8次。

（6）上举（吸气）

重复摇头摆尾结束，双手经两侧提起至头顶。

（7）下按（呼气）

手掌向下按，同时呼气，右脚收半步。

动作要保持逍遥自在，并延长呼气时间，消除交感神经的兴奋，以去"心火"。此动作对腰颈关节、韧带和肌肉等亦起到一定的作用，并有助于任、督、冲三脉的运行。

第六段　双手攀足固肾腰

（1）上举（吸气）

双手手掌心向下，经体前上举至头顶；同时吸气。

（2）下按（呼气）

双手指尖相对，下按，两掌分按胸前；同时呼气。

（3）摩运（吸气）

两掌翻转，掌心向上，两掌沿带脉反穿分向后腰，摩运；同时吸气。

◇ 带脉，经穴名。在侧腹部，章门下1.8寸（1寸≈3.3厘米），位于第十一肋骨游离端下方垂线与脐水平线的交点上。

（4）攀足（呼气）

上体缓缓前倾，两膝保持挺直，同时两掌沿大腿向下摩运至脚跟。沿脚外侧按摩至脚面。

（5）上举（吸气）

动作结束，手指尖向前上举至上体展直；同时吸气。

重复动作（1）～（5），如此反复俯仰4～8次。

（6）下按（呼气）

双手掌心向下，指尖相对，下按；同时呼气。

（2）攒拳怒目（呼气）

左拳向前方缓缓击出；同时呼气。

腰的节律性运动（前后俯仰），也有助于改善脑的血液循环，增强神经系统的调节功能及各个组织脏器的生理功能。长期坚持锻炼，有疏通任督二脉的作用，能强腰、壮肾、醒脑、明目，并使腰腹肌肉得到锻炼和加强。年老体弱者，俯身动作应由小到大逐渐增幅，有较重的高血压和动脉硬化者，俯身时头不宜过低。

第七段　攒拳怒目增气力

（1）抱拳（吸气）

双手抱拳至腰间，迈左脚，屈膝下蹲成马步；同时吸气。

（3）抓握（吸气）

左肩随之向前顺展，拳变掌，臂外旋握拳抓握；同时吸气。

（4）回收

呈仰拳回收置于腰间。

◇仰拳：拳心向上、拳背向下的拳。

重复动作（2）~（4），但方向相反。如此左右交替各击出 4 ~ 8 次。

此式动作要求两拳握紧，两脚拇趾用力抓地，舒胸直颈，聚精会神，瞪眼怒目。此式主要运动四肢、腰和眼肌。根据个人体质、爱好、年龄与目的不同，调整练习时用力的大小。其作用是舒畅全身气机，增强肺气，有利于气血运行，并有增强全身筋骨和肌肉的作用。

第八段　背后七颠百病消

预备姿势：两脚相并。

（1）提踵（吸气）

双手自然下垂至身体两侧，提踵，同时吸气。

（2）颠足（呼气）

脚跟下落，全身放松；并配合呼气。

如此起落4~8次。

脚跟有节律地提起、下落，可使椎骨之间及各个关节、韧带得到锻炼，对脊椎骨的疾病有预防作用。同时有利于脊髓神经功能的增强，进而加强全身神经的调节作用。

（3）收势

两掌合于腹前，体态安详，周身放松，呼吸均匀，气沉丹田。

五、习练八段锦的注意事项

1. 松静自然

松静自然，是练功的基本要领，也是最根本的法则。松，是指精神与形体两方面的放松。这里的"自然"决不能理解为"听其自然""任其自然"，而是指"道法自然"。

2. 准确灵活

准确，主要是指练功时的姿势与方法要正确，合乎规格。灵活，是指练功时动作幅度的大小、姿势的高低、用力的大小、习练的数量、意念的运用、呼吸的调整等，都要根据自身情况灵活掌握。

3. 练养相兼

练，是指形体运动、呼吸调整与心理调节有机结合的锻炼过程。养，是通过上述练习，身体出现的轻松舒适、呼吸柔和、意守绵绵的静养状态。

4. 循序渐进

只有经过一段时间和数量的习练，才能逐渐提高动作的连贯性与控制能力，对动作要领的体会也才会不断加深。

第二部分

五禽戏

一、五禽戏的起源

五禽戏是中国传统导引养生的一种重要功法，其创编者是华佗。华佗五禽戏发源于亳州，是东汉医学家华佗继承古代导引养生术，依据中医学阴阳五行、脏象、经络、气血运行规律，观察兽禽活动姿态，用虎、鹿、猿、熊、鸟的基本习性和生活特点创编的一套养生健身功法。华佗五禽戏的五种动作各有特点和侧重，但又是一个整体。经常坚持练习，能起到调养气血、通经活络的作用，对高血压、冠心病、神经衰弱等慢性疾病，均有一定的预防作用。

二、五禽戏的基本动作

1. 基本手型

（1）虎爪

五指张开，虎口撑圆，第1、第2指间关节弯曲内扣，像虎爪一样充满力道。

（2）鹿角

拇指伸直外张，食指、小指伸直，中指、无名指弯曲内扣。

（3）熊掌

拇指压在食指指端上，其余四指并拢弯曲，虎口撑圆。

（4）猿钩

五指指腹捏拢，屈腕。

（5）鸟翅

五指伸直，拇指、食指、小指向上翘起，无名指、中指并拢向下。

（6）握固

拇指抵掐无名指根节内侧，其余四指屈拢收于掌心。

2. 基本步型

（1）弓步

一脚向任何方向迈出一大步，同时膝关节弯曲成90°左右，尽量与脚尖上下相对，脚尖稍内扣。另一腿自然伸直，全脚掌着地，脚尖稍内扣，且上体与地面垂直。按动作的方向有侧弓步、前弓步、后弓步等。

（2）虚步

一脚向前迈出一步，脚跟着地，脚尖上翘，膝盖微屈；另一条腿屈膝下蹲，全脚掌着地，脚尖斜向前方；身体重心七分落于支撑腿，三分落于虚步腿。

（3）丁步

双脚左右分开，间距10～20厘米，双腿微微屈膝下蹲，随之提起一只脚的脚跟，脚尖虚点地面，且靠近另一只全脚掌着地脚的脚弓处。

3. 平衡动作

（1）后举腿平衡

一腿蹬直站稳，另一腿伸直向体后抬起，脚面绷平，脚尖向下，抬头、挺胸、塌腰。

（2）提膝平衡

一腿直立站稳，另一腿在体前屈膝上提，脚尖向下。

三、五禽戏的动作讲解

1. 起势

两脚并拢，两臂自然下垂，目视前方，舌抵上腭，调匀呼吸。

2. 起势调息

①两脚开立，双手上提。

②双手下按。

重复动作①和②3遍。

3. 虎戏

（1）虎戏之虎举

①握拳。两手掌心向下，十指先撑开，再弯曲成虎爪状，随后抓握成拳，目视两拳。

25

②上举。随后，两手外旋，两拳沿体前缓慢上提。至肩前时，十指撑开，举至头上方再弯曲成虎爪状。

④下拉。两拳下拉至肩前时，变掌下按。沿体前下落至腹前，十指撑开，掌心向下。

③握拳。两掌外旋握拳，拳心相对；目视两拳。

②前伸下按。两手向上、向前画弧，十指弯曲成虎爪，掌心向下；同时上体前俯，挺胸塌腰；目视前方。

重复动作①～④4遍。

功 效 与 作 用

这套动作中，两掌一升一降，疏通三焦气机，调理三焦功能；手成虎爪再变拳，可增强握力，改善上肢远端血液循环。

（2）虎戏之虎扑

①两手上举。接上式。两手握空拳，沿身体两侧上提至肩前上方。

侧面

③上提。两腿屈膝下蹲，收腹含胸；同时，两手向下画弧至两膝侧，掌心向下；目视前下方。随后，两腿伸膝，送髋，挺腹，后仰；同时，两掌握空拳，沿体侧向上提至胸侧；目视前上方。

④下扑。左腿屈膝提起，两手上举。左脚向前迈出一步，脚跟着地，右腿屈膝下蹲，成左虚步；同时上体前倾，两拳变虎爪向前、向下扑至膝前两侧，掌心向下；目视前下方。随后上体抬起，左脚收回，开步站立；两手自然下落于体侧；目视前方。

⑤与动作①～④动作相同，但下扑伸脚方向相反。

重复动作①～⑤2遍。

⑥两手侧起内合下按。两掌向身体侧前方举起，掌心向上；目视前方。两臂屈肘，两掌内合下按，自然垂于体侧；目视前方。

功效与作用

虎扑动作形成了脊柱的前后伸展，能增强腰部肌肉力量，对常见的腰部疾病，如腰肌劳损、习惯性腰扭伤等有预防作用。同时，脊柱的前后伸展，可牵动任脉、督脉，起到调理阴阳、疏通经络、活跃气血的作用。

练习要领

（1）动作规范

①手型。手型三个环节变化要先后分明、变化清晰。握拳要紧，松开要慢。

②运行路线。注意两手上下沿垂直线运行，在上（头顶）、中（肩前）、下（腹前）三个位置进行拳掌的手型转换。

③头颈、胸腹动作。动作在躯干直立的前提下完成，注意胸腹前后肌肉的收紧与放松。

（2）精神劲力

两手运行路线劲力意念转换可以分成四个阶段：由下向上至肩前，如双手提起铁桶，用内劲缓缓向上；至头顶上方，如托举千斤之鼎，用内劲缓缓上托；由头顶落至肩前，如紧握双环下拉，有引体向上之势；由肩前下落至腹前，如按水中浮球，用内劲缓缓向下。

（3）呼吸配合

根据自身呼吸的长短程度和完成动作速度的快慢，呼吸和动作的配合可以自选，采用一口气或两口气的呼吸方法。一口气呼吸法适用于呼吸深长、动作速度相对较快者，双手上举过程配合吸气，下落过程配合呼气；两口气呼吸法适用于呼吸频率较快、动作速度相对较慢者，双手由下向上至肩前配合吸气，举至头顶上方配合呼气，双手下落至肩前时配合吸气，下按至腹前配合呼气。

4. 鹿戏

（1）鹿戏之鹿抵

①迈步。两腿微屈，身体重心移至右腿，左脚经右脚内侧向左前方迈步，脚跟着地；同时，身体稍右转；两掌握空拳，双臂向右侧摆起，拳心向下，高与肩平；目随手动，视右拳。

②转腰，下式。身体重心前移；左腿屈膝，脚尖外展踏实；右腿蹬直；同时，身体左转，两手成鹿角，向上、向左、向后画弧，掌心向外，指尖朝后，左臂屈肘、外展平伸，肘抵靠左腰侧；右臂举至头前，向左后方伸抵，掌心向外，指尖朝后；目视右脚跟。

脚跟着地

③还原。身体右转，左脚收回，开步站立；同时两手向上、向右、向下画弧，两手变掌下落于体前；目视前下方。

④与动作①～③动作相同，但方向相反。

重复动作①～④2遍。

功 效 与 作 用

中医认为，"腰为肾之府"。尾闾运转，可起到强腰补肾、强筋健骨的功效。另外，通过鹿抵的锻炼，还能增强腰部的肌肉力量，预防腰部的脂肪沉积和腰椎小关节紊乱等症。

（2）鹿戏之鹿奔

①上步。接上式。左脚向前跨一步，屈膝，右腿伸直成左弓步；同时，两手握空拳，向上、向前画弧至体前，屈腕，双臂约高与肩平，间距与肩同宽，拳心向下；目视前方。

侧面

侧面

侧面

②后坐。身体重心后移；左膝伸直，全脚掌着地；右腿屈膝；低头，弓背，收腹；同时，两臂内旋，两掌前伸，掌背相对，拳变鹿角。

侧面

③前移。身体重心前移，上体抬起；右腿伸直，左腿屈膝，成左弓步；松肩沉肘，两臂外旋，鹿角变空拳，高与肩平，拳心向下；目视前方。

⑥两手侧起内合下按。两掌向身体侧前方举起，掌心向上；目视前方。两臂屈肘，两掌内合下按，自然垂于体侧；目视前方。

④收回。左脚收回，开步直立；两拳变掌，回落于体侧；目视前方。

⑤与动作①～④动作相同，但方向相反。

重复动作①～⑤2遍。

功效与作用

鹿奔动作中，两臂内旋前伸，使肩、背部肌肉得到牵拉，对颈肩综合征等有预防作用；弓背收腹，能矫正脊柱畸形，增强腰腹的力量。

练习要领

（1）动作规范

①手型变化。手型交替变换，先握空拳，再变鹿角。握空拳时要松，变鹿角时要紧，变换过程不能突然加速，要逐渐握拢和展开。

②上肢运行路线。双手运行是画弧线的，可以分为三个步骤：摆起与肩同高时，画立圆；转腰下视时，画平圆；还原时，画立圆。

③下肢步型变换。身体重心移动变化时，脚的迈步和收回要轻，只有当身体重心完全移向一腿时，另一腿方可提起向前迈，以提高动作稳定性，并有效地锻炼下肢力量和平衡能力。

④以腰为轴。腰部的转动、屈伸带动上下肢运行，是保障动作完成质量的关键。

（2）精神劲力

两臂摆动，意在两手，两眼随之；拧腰转体侧屈，腰部一侧压紧，意在挤压按摩脏腑；另一侧伸展，意在拔长肩背。意想两鹿犄角相抵，斗智较力，互不相让。

（3）呼吸配合

呼吸和动作配合，可以按照蓄吸发呼、提吸落呼的方式进行，一次鹿抵可以配合两次呼吸。双手成鹿角手臂前伸时，气由丹田而发，以气催力，力达指尖。

名词注释

双手侧摆至与肩同高时，配合吸气；拧腰转体侧屈时，配合呼气，这叫蓄吸发呼。双手上摆画弧时，配合吸气，下落还原时，配合呼气，这叫提吸落呼。

5. 熊戏

（1）熊戏之熊运

①右上，左下。两掌握空拳成熊掌，拳眼相对，垂于下腹部；目视两拳。以腰、腹为轴，上体做顺时针摇晃；同时，两拳随之沿右肋部、上腹部、左肋部、下腹部画圆；目随上体摇晃而环视。

重复动作①2遍。

②与动作①相同，但方向相反。重复2次，做完最后一个动作，两拳变掌下落，自然垂于体侧；目视前方。

功 效 与 作 用

活动腰部关节和肌肉，可预防腰肌劳损及软组织损伤。腰腹转动，两掌画圆，引导内气运行。运用腰、腹摇晃，对消化器官进行体内按摩，可预防消化不良等。

（2）熊戏之熊晃

①提髋。接上式。身体重心右移；左髋上提，牵动左脚离地，再屈左膝、抬腿；两掌握空拳成熊掌；目视左前方。

侧面

②落步。身体重心前移；左脚向左前方落地，全脚掌踏实，脚尖朝前，右腿伸直；身体右转，左臂内旋前靠，左拳摆至左膝前上方，拳心朝左；右拳摆至体后；目视左前方。

侧面

③后坐。身体左转，重心后坐；右腿屈膝，左腿伸直；拧腰晃肩，带动两臂前后弧形摆动；右拳摆至左膝前上方，拳心朝右；左拳摆至体后；目视左前方。

侧面

④前靠。身体右转，重心前移；左腿屈膝，右腿伸直；同时，左臂内旋前靠，左拳摆至左膝前上方；右掌摆至体后，拳心朝后；目视左前方。

⑤与动作①～④动作相同，但方向相反。

重复动作①～⑤2遍。

⑥接上式，双脚开立，两手侧起内合下按。两掌向身体侧前方举起，至与胸同高，掌心向上；目视前方。两臂屈肘，两掌内合下按，自然垂于体侧；目视前方。

功效与作用

身体左右晃动，可调理肝脾。提髋行走，加上落步的微震，可增强髋关节周围肌肉的力量，提高平衡能力，有助于预防老年人下肢无力、髋关节损伤、膝痛等。

练习要点

（1）动作规范

①上肢运行路线。熊运时两手动作成圆形，即从下腹部开始运动，围绕肚脐运行一周，又回到下腹部。运动时肩肘要放松，注意上肢的被动牵动。两掌不要贴腹太近，也不要在腹前主动画圆。

②腰部运行路线。身体的转动、屈伸带动上下肢的运行是否顺畅协调，是动作完成质量的关键。力发于腰，全身各部位的运动皆主宰于腰，所以头部和上下肢都要在腰部的带动下被动运动。

③下肢动作基本上没有变化，两膝微屈，重心位于两腿之间，自然放松。

（2）精神劲力

全身放松，犹如熊垂手而立，沉稳安详；腰胯固定，转腰运腹，意在挤压按摩脏腑：向下挤压时，沉胸实腹，拔长背部，打开督脉；向上提拉时，提胸收腹，身体拉长，打开任脉；向侧方挤压时，侧屈压实，按摩一侧脏腑。意想熊饱食之后，独自嬉戏，转腰摩腹，憨厚喜人。

（3）呼吸配合

呼吸和动作配合，可以按照蓄吸发呼、提吸落呼的方式进行，一个完整的熊运动作配合一次呼吸。身体从下向上提拉时，舒展胸廓，吸入清气；身体从上向下下降挤压时，含胸收腹，呼出浊气；呼吸要和身体的运动协调一致，自然绵长，均匀纯净。

6. 猿戏

（1）猿戏之猿提

①上提。两掌在体前，手指伸直分开，再屈腕拢捏成猿钩。两掌上提至胸，两肩上耸，收腹提肛。

②转头。脚跟提起，头向左转；目随头动，注视身体左侧。

③下按。头转正，两肩下沉，松腹落肛，脚跟着地；猿钩变掌，掌心向下；两掌沿体前下按落于体侧；目视前方。

④与动作①和②相同，但方向相反。

重复动作①~④2遍。

功 效 与 作 用

习练猿戏时，猿钩的快速变化，意在增强神经及肌肉的灵敏性。两掌上提下按，扩大胸腔体积，可增强呼吸功能，改善脑部供血。

（2）猿戏之猿摘

①退步——顾、盼、按掌。接上式。左脚向左后方退步，脚尖点地，右腿屈膝，重心落于右腿；同时，左臂屈肘，左掌成猿钩收至左腰侧；右掌向右前方自然摆起，身体重心后移；左脚踏实，屈膝下蹲，右脚收至左脚内侧，脚尖点地，成右丁步；同时，右掌向下经腹前向左上方画弧至头左侧，掌心对太阳穴；目光先随右掌动，再转头注视右前上方。

②上步——摘果。右掌内旋，掌心向下，沿体侧下按至左髋侧；目视右掌。右脚向右前方迈出一大步，左腿蹬伸，身体重心前移；右腿伸直，左脚脚尖点地；同时，右掌经体前向右上方画弧，举至右上侧变猿钩，高于肩；左掌向前、向上伸举，屈腕撮钩，成采摘势；目视左手。

③收回。身体重心后移；左掌由猿钩变为握固；右手变掌，自然回落于体前，虎口朝前。随后，左腿屈膝下蹲，右脚收至左脚内侧，脚尖点地；同时，左臂屈肘，掌指分开，掌心向上，成托桃状；右掌经体前向左画弧至左肘下捧托；目视左掌。

④与动作①～③动作相同，但方向相反。

重复动作①～④2遍

⑤接上式，双脚开立，两手侧起内合下按。两掌向身体侧前方举起，与胸同高，掌心向上；目视前方。两臂屈肘，两掌内合下按，自然垂于体侧；目视前方。

功 效 与 作 用

这套动作中，眼的左顾右盼有利于颈部运动，可以促进脑部的血液循环，同时可减轻大脑神经系统的紧张度，对神经紧张、精神忧郁等症有预防作用。

动作要领

（1）动作规范

①手型变化。注意掌和猿钩之间的变换。

②上肢运行路线。上肢运行可以分为上升和下降两个过程，两臂提起、下落都要循着一条直线，速度要均匀。

③头部、身体和下肢的运行路线。身体运行主要集中在提肛上，提肛收腹，头往上顶；然后落肛松腹，全身放松下落。路线是垂直于地面的一条直线。脚的变化主要是提踵、下落，也是沿着一条直线在运动。

（2）精神劲力

猿猴机警敏捷，灵巧过人。闻听风吹草动，全身蓄势待发，提爪胸前，团胛缩肩，脚踵离地，左右逡巡，直欲奔去；发觉一场虚惊时，肢体放松，脚步落实，利爪下按，神态安详。缩颈、耸肩、团胸时，挤压胸腔，使颈椎和胸椎得到充分活动；伸颈、沉肩、松腹时，扩大胸腔体积，按摩心肺，改善脑部供血；提踵直立，增强腿部力量，提高平衡能力。

（3）呼吸配合

猿提动作遵循提吸落呼的呼吸方式，身体上提时吸气，放松回落时呼气。上提时吸气缩胸，全身团紧；下落时放松呼气，舒展胸廓。

7. 鸟戏

（1）鸟戏之鸟伸

①上举。两腿微屈下蹲，两掌在腹前相叠。两掌向上举至头前上方，掌心向下，指尖向前；身体微前倾，提肩，缩颈，挺胸，塌腰；目视前下方。

侧面

②下按。两腿微屈下蹲；同时，两掌相叠下按至腹前；目视前下方。

③分掌，抬腿。身体重心右移，右腿蹬直。左腿伸直向后抬起，同时，两掌左右分开，掌成鸟翅形，向体侧后方摆起；抬头，伸颈，挺胸，塌腰；目视前方。

侧面

④与动作①～③动作相同，但方向相反。

重复动作①～④2遍。

功 效 与 作 用

这套动作可加强肺的吐故纳新功能，增加肺活量。

（2）鸟戏之鸟飞

①平举。接上式。抬起的腿回落，脚尖着地，两腿微屈；两掌成"鸟翅"合于腹前；目视前下方。右腿伸直独立，左腿屈膝提起，小腿自然下垂，脚尖朝下；同时，两臂成展翅状，在体侧平举向上，稍高于肩，掌心向下；目视前方。

②下落。左脚下落在右脚旁，脚尖着地，两腿微屈；同时，两掌合于腹前，掌心相对；目视前下方。

至全脚掌着地

③上举。右腿伸直独立，左腿屈膝提起，小腿自然下垂；同时，两掌经体侧，向上举至头顶上方，掌背相对，指尖向上；目视前方。

④下落。左脚下落在右脚旁，全脚掌着地，两腿微屈；同时，两掌合于腹前，掌心相对；目视前下方。

至全脚掌着地

　　⑤与动作①～④动作相同，但方向相反。

　　重复动作①～⑤2遍。

　　⑥两手侧起内合下按。两腿伸直，两掌向身体侧前方举起，与胸同高，掌心向上；目视前方。两臂屈肘，两掌内合下按，自然垂于体侧；目视前方。

功效与作用

两臂的上下运动可改变胸腔容积，若配合呼吸运动可起到按摩心肺的作用，增强血氧交换能力；提膝独立，可提高人体平衡性。

动作要领

（1）动作规范

①手型变化。鸟伸的手型变化主要在掌和鸟翅之间进行。先做两掌相叠动作，在体前上举、下落，然后两掌分开，变成鸟翅伸向体侧后方。要注意手掌松、紧之间的转换，上举时收紧，下落时放松，后伸时再收紧。

②上肢运行路线。两臂的动作要轻柔缓慢，注意手臂和躯干、头颈之间的角度、形状。

③下肢运行路线。支撑要平稳，路线要清晰，并注意和上身动作的配合。

④躯干运行路线。注意观察躯干的松紧变化，掌上举时，颈、肩紧缩；掌下落时，两腿微屈，颈、肩松沉。

（2）精神劲力

朝霞初露，仙鹤初醒，引翅前伸，上举下按，欲冲入云霄。但残梦未消，于是拔长腰臀、伸展肌

体，以解困乏；抬足伸颈，引吭而歌，挺胸举翅，迎风而立，形有青松之挺拔，神有泰山之沉稳，意有仙鹤之轻灵，劲有冲天之无穷。

（3）呼吸配合

鸟伸动作遵循提吸落呼的呼吸方式，上提时吸气缩胸，收腹敛臀；下落时放松呼气，舒展胸廓。

8. 收势——引气归元

①侧举。

②下按。

重复动作①和②3遍。

③接上式，双手自然下垂后向前拢气，虎口交叉，叠于腹前，闭目静养，调匀呼吸，意守丹田。

④手下落，脚收回。

第三部分

六字诀

一、六字诀的介绍

六字诀，即六字诀养生法，是我国古代流传下来的一种养生方法。六字诀是一种吐纳法，通过嘘、呵、呼、呬、吹、嘻六个字的不同发音口型，使唇齿喉舌的用力不同，以改善人体的呼吸及循环等各方面的生理功能。

二、六字诀的基本口型和手型

1. 发音口型图

嘘字诀

呼字诀

呵字诀

呬字诀

吹字诀

嘻字诀

2. 基本手型

（1）捧掌

双臂肌肉和关节自然放松，双掌随之放松，十指关节自然弯曲，小指一侧轻贴。

（2）靠掌

双掌放松，自然弯曲，指背相靠，手腕略成弧形。

（3）环抱掌

屈肘外撑，提臂撑圆，双掌环抱于腹前；掌心向内，指尖相对，约与肚脐同高。

（4）立掌

双肘下落、夹肋，双掌顺势立于肩前，掌心相对，指尖向上，同时展肩扩胸。

（5）背掌

双掌放松，自然弯曲，指背相靠。

（6）托掌

双臂屈肘，上托至胸前，约与两乳同高，指尖相对。

三、六字诀的动作讲解

1. 预备与起势

两脚并步站立，头正颈直，齿唇轻闭，舌抵上腭，下颌微收；两臂自然垂于体侧，沉肩坠肘，松腕舒指，中指的指腹轻贴裤线；竖脊含胸，腹部放松；目视前方。注意：

①保持虚领顶颈，面带微笑，竖脊正身，周身中正。

②精神内敛，神不外驰。

③调匀呼吸，逐步自然过渡到深、长、匀、细的腹式呼吸。

功效与作用

①端正身形，调匀呼吸，凝神静气，由并步转为开步，进入练功状态。

②舌抵上腭具有沟通任督二脉，疏通气血之作用。意守丹田可起到养气安神等作用。

（1）预备式

双脚分开，松静站立，目视前下方；呼吸自然，面带微笑。

调息：每个字读六遍后，调息一次，稍事休息，恢复自然。

②下按。两手胸前转为掌心向下，接着在体前缓缓下按，至肚脐前；目视前下方。

（2）起势

①上托。屈肘抬手，掌心向上，两手在小腹前十指相对；紧接着两手于体前缓缓上托至胸前，约与两乳同高，掌心向上，手指自然相对；目视前方。

③外拨。微屈膝下蹲，敛臀坐胯，身体后坐；同时，两掌内旋，转为掌心向外，缓缓向体前45°拨出，至两臂撑圆，指尖斜相对，两掌约与肚脐平。

④收回。两臂外旋，转至掌心向内，指尖斜相对，身体缓慢直起，同时两手缓缓收拢至肚脐前，虎口交叉相握，轻轻覆盖于肚脐上；静养片刻，目视前下方。

技术要点

①两掌的主要动作变化顺序可概括为上托→下按→外拨→收回。两掌上托时目视前方，其他环节目光均注视前下方；两掌的转换要圆活连贯、柔和缓慢、自然顺畅。

②始终保持身体的中正安舒、

重心平稳。

　　③呼吸与动作、意念要协调配合。但要以呼吸操作为主、肢体动作为辅。

功效与作用

①通过两掌托、按、拨、收和呼吸的规律性锻炼，可吐故纳新，协调人体内气的升、降、开、合，促进全身气血畅通，进一步调匀呼吸、启动气机、升清降浊，为后续各式的习练做好充分准备。

②柔和的节律运动，有助于改善和增强习练者的腰膝关节功能。

2. 嘘字功平肝气

口型：唇齿微张，嘴角后引，口唇微微用力拉扁，槽牙上下平对，中间留有空隙；舌头放平，舌体微微后缩，舌两边与槽牙之间也留有空隙。

小窍门：唇齿微张，发"西"的声音，这时的口型是嘘字诀的基本口型，然后在此口型的基础上，口唇微微用力拉扁，发"迁"的声音就可以了。

体会气息：保持上述口型，不要发音而只呼气，体会气息主要是从槽牙间、舌两边的空隙中经过两嘴角而呼出的。这时口中发出的声音也特别

接近"嘘"的声音。

　　练功中，由于吐气时要求发声，气息就会变得更细，反而不容易体会到气息的流动，但这却更符合练功对气息"匀、细、柔、长"的要求。对于其他几个字诀，都是这个道理，所以要细心揣摩和体会。

　　（1）穿掌吐嘘

　　两手松开，收至腰间，穿右掌吐嘘字音。

（2）收回

右掌收回至腰间，身体转正。

（3）和动作（1）、（2）相同但方向相反，左右各3次。

嘘字功可以起到疏肝明目的作用，可以预防食欲不振、两目干涩、头目眩晕等。

3. 呵字功补心气

口型：唇齿微张，舌体微微后缩并上拱。

小窍门：唇齿微张，发"喝"的声音，这时的口型是"呵字诀"的基本口型，然后在此口型的基础上，接着发"婀"的声音就可以了。

体会气息：保持上述口型，不要发音而呼气，体会气息主要是从舌面与上腭之间缓缓呼出。这时口中发出的声音也特别接近"呵"的声音。

（1）提肘

两掌小指轻贴腰际，双掌微上提，指尖向斜下方；目视前下方。

（2）插掌

屈膝下蹲，同时两掌缓缓向前下约45°方向插出，至两臂微屈，掌心斜向上；目视两掌。

（3）捧掌起身

微屈肘收臂，两掌小指一侧相靠，掌心向上，成捧掌，约与肚脐相平；目视掌心，两膝缓缓伸直；同时屈肘，两掌捧至胸前，掌心向内，两中指约与下颌同高；目视前下方。

（4）转掌，腿蹬直

两肘外展抬起，至约与肩同高；同时两掌内旋，转掌指向下，掌背相靠。

（5）插掌吐呵

口吐"呵"字音；同时，两掌沿身体中线缓缓下插至肚脐前，两掌心与肚脐同高；目视前下方。

（6）拨掌微屈膝

微屈膝下蹲；同时，两掌向内旋转，掌心向外，缓缓向体前45°拨出，至两臂撑圆，指尖斜相对，两掌心与肚脐同高；目视前下方。

重复动作（3）～（6）6遍。

技术要点

①发"呵"字音时，口半张，舌头微微后缩，下颌放松，气息主要从舌面与上腭之间缓缓呼出体外。发声是低沉的、震颤的和富有穿透力的。

②手部的主要动作变化顺序可概括为上捧→内旋→下插→外拨→旋腕五步。上下肢动作需协调一致，两掌上捧时膝关节逐渐伸直；两掌内旋、下插时，保持膝关节伸直；两掌外拨时，膝关节慢慢弯曲；两手旋腕时，膝关节保持弯曲状态，以小指带动旋腕转掌。

③呼吸吐气宜顺其自然，逐渐过渡到深、长、匀、细的状态，遇有呼吸不顺畅、憋气处应及时运用自然呼吸加以调整，切忌强呼硬吸；肢体动作宜柔和缓慢，动作转换需圆活轻灵；呼吸与动作的配合应协调一致。

功效与作用

①中医认为，"呵字诀"与心相应。口吐"呵"字，具有泄出心之浊气、调理心脏功能，可起到促进全身气血循环的作用。

②通过捧掌上升、翻掌下插，可外导内行，使肾水上升，以制心火；心火下降，以温肾水；促进心肾相交、水火相济，有调理心肾功能、平衡阴阳的功效。

③两掌的捧、翻、插、拨和肩、肘、腕、指、膝、髋等各关节柔和连续的旋转、屈伸等运动，既锻炼了上肢和下肢关节的柔韧性、灵活性和协调性，也改善了局部血液循环。

④规律性的呼吸发音练习，有助于膈肌上下升降运动，使腹腔器官得到有效的挤压和按摩，从而改善和优化人体脏腑功能。

4. 呼字功培脾气

口型：唇齿张开，口唇撮圆前伸，舌两侧上卷。

小窍门：口唇撮圆前伸并且放松，像吹蜡烛似的，然后在此口型的基础上，发"呼"的声音就可以了。

（1）转掌

接上式，前臂外旋，转掌心向内对肚脐，指尖斜相对，五指自然张开，两掌心间距约与掌心至肚脐距离相等；目视前下方，两膝缓缓伸直；同时，两掌缓缓向肚脐方向内收合拢，至肚脐前约10厘米。

（2）外开加呼

口吐"呼"字音；同时，微屈膝下蹲，两掌向外展开至两掌间距与掌心至肚脐距离相等，两臂撑圆；目视前下方。

重复动作（1）和（2）6遍。

技术要点

①发"呼"字音时，口唇撮圆，舌两侧上卷，气息从撮圆的口唇中间呼出体外，发声是低沉和富有穿透力的。

②手掌的主要动作变化顺序可概括为内收合拢→外展等距两步。双手掌心与肚脐形成等边三角形，膝关节的屈伸与两掌的内收合拢协调配合，使升降开合、出入运化有机融为一体。

③两掌内收合拢时，整个身体都向丹田方向收拢；两掌外展吐音时，整个身体要以丹田为中心向外撑开。

④呼吸吐气宜顺其自然，逐渐过渡到深、长、匀、细的状态。遇有呼吸不顺畅、憋气处应及时运用自然呼吸加以调整，切忌强呼硬吸；肢体动作宜柔和缓慢，动作转换需圆活轻灵；呼吸与动作的配合应协调一致。

功效与作用

①中医认为，"呼字诀"与脾相应。口吐"呼"字，具有泄出脾胃之浊气、调理脾胃功能的作用。

②两掌的开合，牵动整个腹腔形成较

大幅度的运动，有利于提升脾胃运化功能，增强脾胃作为人体后天精气之源的能力，具有预防消化不良等作用。③逆腹式呼吸促进膈肌规律性升降运动，能有效挤压和按摩腹腔脏器。

5. 呬字功补肺气

口型：牙齿合拢，口唇微张，上下门牙对齐，舌尖放平并轻抵下齿，嘴角微微后引。

小窍门：牙齿合拢，口唇微张，然后像冬天感觉冷时倒吸气发出"嘶"的样子，这时的口型是"呬字诀"的基本口型，然后在此口型的基础上，变吸气为呼气，接着发"呬"的声音就可以了。发音正确时，前部牙齿会有震动和凉丝丝的感觉。

（1）两臂垂落

两掌自然下落于腹前，掌心向上，十指相对；双膝微屈，目视前下方。

（2）两掌缓缓上托

两膝缓缓伸直；同时，两掌缓缓向上托至胸前，约与两乳同高，掌心向上；目视前下方。

（3）落肘夹肋，展肩扩胸，藏头缩项

两肘下落，夹肋，两手顺势立掌于肩前，掌心相对，指尖向上；两肩胛骨向脊柱靠拢，展肩扩胸，藏头缩颈；目视斜前上方。

（4）两掌前推，微屈膝发音

口吐"呬"字音；同时，微屈膝下蹲；松肩伸颈，两掌缓缓向前平推，逐渐转至掌心向前，屈腕立掌，指尖向上；目视前方。

（5）两掌收回，蹬直腿

两掌外旋90°，掌心向外，掌指分朝左右；接着，向内屈腕转掌至掌心向内，指尖相对；两腕间距约与肩同宽，两膝缓缓伸直；同时屈肘，两掌缓缓收拢至胸前约10厘米，指尖相对，掌心向内，约与两乳同高；目视前下方。

重复动作（3）～（5）6遍。

技术要点

①发"呬"字音时，上下门牙对齐，留有狭缝，舌尖轻抵下齿，气息从齿间呼出体外，发声是低沉和富有穿透力的。

②手掌的主要动作变化顺序可概括为立掌→前推→转掌→收拢四步。两掌前推时屈膝下蹲，两掌收拢时两膝伸直，升降开合需配合自如、协调一致。

③顺势立掌、展肩扩胸、藏头缩颈，三个动作逐渐依次收紧。吐气、发声、推掌时，颈、肩、臂、掌依次放松。

④呼吸吐气宜顺其自然，逐渐过渡到深、长、匀、细的状态。遇有呼吸不顺畅、憋气处，应及时运用自然呼吸加以调整，切忌强呼硬吸。呼吸与动作的配合应协调一致。

功效与作用

①中医认为，"呬字诀"与肺相应。口吐"呬"字音，具有泄出肺之浊气、调理肺部功能的作用。

②展肩扩胸、藏头缩颈与松肩推掌的反复交替锻炼，可促进颈项、肩背部

气血循环，有效缓解颈、肩、背部的肌肉疲劳，预防颈椎病、肩周炎和背部肌肉劳损等。

③展肩扩胸、藏头缩颈结合小腹内收的吸气锻炼，可使丹田之气上升于胸中，与吸入肺部的大自然之清气交融汇合，能有效按摩心肺，强化气血在肺内的充分融合。

6. 吹字功补肾气

"吹字诀"口型是六字诀中最复杂的，因为只有这个字诀的口型是动态的。为了方便掌握，我们把它分解成三步来进行练习。

第一步，舌尖轻轻抵在上齿内侧，两唇和牙齿稍微张开，发"吃"的声音；

第二步，把张开的两唇稍微闭合，舌尖放平，发"乌"的声音；

第三步，把两唇再稍微张开一些，同时舌尖轻轻抵在下齿内侧，发"衣"的声音。

"吹字诀"就是把这三步连起来发音。

（1）松腕伸掌

两掌前推，随后松腕伸掌，指尖向前，掌心向下，与肩同高。

（2）两臂外开

两臂向左右水平外展成侧平举，掌心斜向后，指尖向外。

（3）画弧至后腰

两掌向后画弧至腰部，双臂屈肘，掌心轻贴腰眼，指尖斜向下；目视前下方。

（4）两掌下滑前摆，微屈膝并发"吹"音

口吐"吹"字音；同时，微屈膝、下蹲；两掌向下顺腰骶、两大腿外侧下滑，后屈肘提臂于腹前，掌心

相对，指尖向前，约与肚脐平；目视前下方。

（5）两掌收回，腿蹬直

两膝缓缓伸直；同时，两掌缓缓收回，轻抚腹部，指尖斜向下，虎口相对；目视前下方。

（6）摩带脉抚腰眼

两掌沿带脉向后摩运，两掌至后腰部，掌心轻贴腰眼，指尖斜向下；目视前下方。

重复动作（4）～（6）6遍。

技术要点

①发"吹"字音时，首先是两唇和牙齿微张，舌尖轻抵上齿内侧，发"吃"的声音；其次是两唇微闭，舌尖放平，发"乌"的声音；最后是两唇再微张，嘴角微后引，舌尖轻抵下齿内侧，发"衣"的声音。气从舌两边绕舌下，经唇间缓缓呼出体外；发声是低沉和富有穿透力的。

②手掌的主要动作变化顺序可概括为下滑→上抬→抚腹→摩带脉四步。两掌沿腰骶、两腿外侧下滑，屈肘提臂于腹前，动作衔接要自然顺畅、不僵硬，有滑落之感。

③屈肘提臂时，前臂抬起需放松，同时腋下虚空；提臂于腹前时，两掌掌心相对，指尖朝前，手指放松，与肩同宽，与脐同高。

④呼吸吐气宜顺其自然，逐渐过渡到深、长、匀、细状态。遇有呼吸不顺畅、憋气处应及时运用自然呼吸加以调整，切忌强呼硬吸。呼吸与动作的配合应协调一致。

功效与作用

①中医认为，"吹字诀"与肾相应。口吐"吹"字，具有泄出肾之浊气、调理肾脏功能的作用。

②腰为肾之府，肾藏精，主水液代谢。肾位于腰部脊柱两侧，腰部功能的强弱与肾气的盛衰息息相关。本式动作通过两手对腰腹部的按摩，可促使腰部气血旺盛，具有运转肾气、强腰壮肾、调节人体体液平衡和预防衰老的作用。

③两掌掌心轻贴腰眼，利于增强肾功能，充分发挥肾藏精、纳气等作用。

④双手摩运带脉，可增强带脉总束诸脉之功能，强化对人体纵行诸多经脉的协调和柔顺作用。

7. 嘻字功理三焦

口型：牙齿合拢，口唇微张，上下门牙对齐，槽牙上下轻轻咬合，舌尖放平并轻抵下齿，嘴角微微后引。

小窍门：先做好"呬字诀"的口型，这也就是"嘻字诀"的基本口型，然后在此口型的基础上，嘴角略向后引，把上下槽牙轻轻咬合，接着呼气发"嘻"的声音就可以了。

（1）两臂垂落，转掌

两臂环抱，自然下落于腹前；微屈膝，目视前下方。两掌内旋至掌背相对，掌心分向左右，指尖向下；目视两掌。

（2）提肘抬掌，蹬腿

两膝缓缓伸直；同时，提肘带手，经体前上提至胸前，肘约与肩同高，掌背相靠；目视前方。

（3）两臂外开

接上式，两手继续上提至面前，分掌、外开、上举，两上臂成水平，两前臂分别斜向上、向外约45°，掌心斜向上；目视前上方。

（4）收回并发"嘻"字音

屈肘，两手经面前回收至胸前，肘、手成水平位，约与肩同高，指尖相对，掌心向下；目视前下方，口吐"嘻"字音；然后，微屈膝下蹲，两掌缓缓下按至肚脐前。

重复动作（1）～（4）6遍。

技术要点

①发"嘻"字音时，两唇与牙齿微张，嘴角略向后引，舌尖轻抵下齿，气息主要是从两侧槽牙边的缝隙中慢慢呼出，发声是低沉和富有穿透力的；面部应有嬉笑欢乐、笑逐颜开之貌，内心应有怡然自得、其乐融融之感。

②手掌的主要动作变化顺序可概括为上提→外开→内收→下按四步。眼神跟着两掌的升降而高低变化，发音与屈膝下蹲、两掌胸前下按、两臂外开需协调配合，做到同始同终、气尽势成。

③呼吸吐气宜顺其自然，逐渐过渡到深、长、匀、细的状态。遇有呼吸不顺畅、憋气处应及时运用自然呼吸加以调整，切忌强呼硬吸。

④两掌腹前内旋至掌背相对时，肩膀需同时配合内旋；两掌上提时，应以肘带手；打开两臂上举时，颈部需放松，目视前上方；屈膝，两掌下按至与肚脐相平后外开，两前臂应松垂外分。整个动作需舒缓连贯、协调自然。

功效与作用

①中医认为，"嘻字诀"与少阳三焦之气相应。口吐"嘻"字具有疏通少阳经脉、调和全身气机的作用。整套功法最后练习"嘻字诀"，能起到调和全身气血的功效。

②通过提手、分掌、外开上举、内合下按、松垂外开等动作的反复练习，有利于调和全身气血，促使人体阴阳平衡。

③念"嘻"字时应面带笑容，发出中和之气，有利于浸润人体五脏六腑。

8. 收势

动作一：两手外旋，转掌心向内，掌心约与肚脐同高，两掌缓慢向前、向内合抱于腹前，虎口交叉相握，轻覆肚脐；同时，两膝慢慢伸直；目视前下方。

动作二：静养片刻。

动作三：两掌以肚脐为中心揉腹，顺时针6圈，逆时针6圈。

动作四：两掌松开，两臂自然垂于体侧。身体重心右移，左脚提起向右脚并拢，前脚掌先着地，随之全脚踏实，恢复成并步站立；目视前下方。

先按后揉，掌握适中的按揉力量，使其能达腹部深处。

④两掌缓慢向前、向内合抱于腹前的过程中，两掌的掌心始终与肚脐同高；两掌向前拢成两掌心与肚脐成等边三角形时，再缓缓起身合掌于肚脐，静养。

技术要点

①整个过程需保持形松意静之态，有收气静养之意。

②两手外旋内翻时，以肩带臂、以臂带手完成动作。

③两掌揉腹应以肚脐为中心，

功 效 与 作 用

①收气静养、揉按腹部，由练气转为养气，可使气血归根，起到引气归元的作用。

②腹部是人体"五脏六腑之宫城，阴阳气血之发源"，是六条阴经的汇聚部位。规律性地揉按腹部，具有促进气血运化、升清降浊、祛除外邪、健脾和胃等作用。

③使练功者从练功状态恢复到正常状态。

四、习练六字诀的注意事项

肝属木，用"嘘"气为泻，用吸气为补。

心属火，用"呵"气为泻，用吸气为补。

脾属土，用"呼"气为泻，用吸气为补。

肺属金，用"呬"气为泻，用吸气为补。

肾属水，用"吹"气为泻，用吸气为补。

三焦理周身之气，用"嘻"气为泻，用吸气为补。

"六字诀"是以泻为主的功法，对虚证应当慎用。

"六字诀"是以健身为主的练习方法，配合呼吸法及肢体导引，在五行学说指导下，维持机体的协调平衡，主动调动脏腑潜能，提高机体免疫功能，对防病治病具有一定的作用。

在应用"六字诀"进行治疗时，要以泻为主，可采用呼长吸短的方法，泻其有余。但在呼吸数量方面有一定限度，不能认为多多益善，要逐步增加次数，保持一定限度，否则会伤及正气。

"六字诀"在调节情志变化过程中，虽说对自我调节有一定的作用，但不是唯一的手段，应该配合心理疏导及必要的药物治疗。

第四部分

易筋经

一、易筋经介绍

易筋经源于我国古代中医导引术，具有强健体魄、预防疾病的功效，长期以来广为流传。

二、易筋经的基本动作

1. 基本手型

（1）握固

拇指抵掐无名指的指根，其余四指弯曲收于掌心。

（2）柳叶掌

五指伸直，并拢。

（3）荷叶掌

五指伸直，张开。

（4）龙爪

五指伸直，分开；拇指、食指、无名指、小指内收，与中指成45°。

（5）虎爪

五指伸直、分开，手指的第1、第2指关节内扣。

2. 基本步型

（1）马步

两腿分开站立，脚间距离为脚长的2～3倍，然后两腿屈膝半蹲。

（2）弓步

身体直立，一脚向前跨出一大步，且双腿之间保持一定的距离；然

后前腿弯曲，直到大腿与地面近于平行，膝盖与脚尖相对，脚尖微内扣；后腿自然伸直，全脚掌着地，脚跟蹬地，脚尖微内扣。

（3）丁步

双脚分开，间距10～20厘米；双腿微屈膝半蹲，左脚脚跟提起，脚尖虚点地，对着后脚足弓处；右脚全脚着地。如左脚脚尖点地，则为左丁步，反之为右丁步。

三、易筋经的动作讲解

易筋经共计十二势。

1. 预备式

两脚并拢站立，头正颈直，百会虚领，目视前方；目光内涵，呼吸自然，心平气和。

◇百会：前发际线正中直上5寸。简易取穴法：两耳尖连线与头部正中线之交点处。

功效与作用

宁静心神，调整呼吸，内安五脏，端正身形。

2. 起势

左脚侧开半步，平行站立，约与肩同宽，两膝微屈，成开立姿势；两手自然垂于体侧，松静站立；心平气和，神能安详，洗心涤虑，心澄貌恭。全身自上而下由头颈、肩、臂、胸、腹、臀、大腿、小腿、脚依次放松，躯体各关节及内脏放松，做到身无紧处，心无杂念，神意内收。

3. 第一式：韦驮献杵第一势

口诀：立身期正直，环拱手当胸，气定神皆敛，心澄貌亦恭。

（1）抬臂

两臂自体侧向前抬至前平举，掌心相对，指尖向前。

（2）合掌

两臂屈肘，自然回收，指尖向斜前上方30°；两掌合于胸前，掌根与膻中穴同高，虚腋；目视前下方。

目视前下方

◇膻中穴：在胸前部，两乳头连线间的中点。

技术要点

①首先要头领身松。头领，即用头领周身，站势时，意念中强调不用身体各部位的支撑力支撑周身，而是用头之领劲把全身领起；身松，即身体要放松，自然下坠，不用支撑力。只有放松得好，头领之劲才能到达足跟。头领时膈肌最容易紧张，放松心口窝可使膈肌放松，周身也容易放松，重心自然下降。

②手臂运动应该是以肩带臂，当两臂自体侧向前抬至平举时，两肩胛骨先向中间脊柱处内收，然后再随腰同时下沉，此时两肩关节便出现向后、向下的运动。随两肩胛骨运动，两手拇指便顺势微微立起，带动两臂缓缓向上抬起，从而完成两臂向前平举、掌心相对的动作。

功效与作用

①通过神敛和两掌相合的动作，可起到气定神敛、均衡身体的作用。
②可改善神经和体液的调节功能，有助于血液循环，消除疲劳。

4. 第二式：韦驮献杵第二势

口诀：足趾抓地，两手平开，心平气静，目瞪口呆。

（1）前伸

接上式。两肘抬起，两掌伸平，手指相对，掌心向下，双臂约与肩呈水平，两掌向前伸展，掌心向下，指尖向前。

（2）外展

两臂向左右分开至侧平举，掌心向下，指尖向外。

（3）立掌

五指自然并拢，坐腕立掌，目视前下方。

技术要点

①吸气时胸部扩张，臂向后挺；呼气时，掌尖内翘，掌根外撑。

②要注意不能简单地把该势动作视为两掌用力外撑。同时还要脚趾抓地，两肩外伸。肩外伸的关键是两肩胛骨的主动外展，由此将下肢及脚趾抓地之力贯穿于两手掌根。唯有如此，整个上肢的各关节才能得到充分伸展，达到抻筋拔骨的效果。

功效与作用

①通过伸展上肢和立掌外撑的动作导引，起到疏理上肢经络的作用，并可调练心、肺之气，改善呼吸功能及气血运行。

②可提高肩、臂的肌肉力量，有助于改善肩关节的活动功能。

5. 第三式：韦驮献杵第三势

口诀：掌托天门目上观，足尖着地立身端，力周腿胁浑如植，咬紧牙关不放宽；舌可生津将腭抵，鼻能调息觉心安，两拳缓缓收回处，用力还将挟重看。

（1）内收

接上式。松腕，同时两臂向前平举内收至胸前平屈，掌心向下，掌与胸相距约一拳，目视前下方。

（2）上举

两掌同时内旋，翻掌至耳垂下，掌心向前，虎口相对，两肘外展，约与肩平。

（3）提踵上托

身体重心前移，前脚掌支撑，提踵；同时，两掌上托至头顶，掌心向上，展肩伸肘；微收下颌，舌抵上腭，咬紧牙关。

目视前下方

技术要点

①要求微收下颌，其目的是为了使颈部中正，避免出现抬头、仰头动作所导致的颈椎弯曲。颈椎弯曲会影响任督二脉的畅通，进而影响脊柱正常活动。

②两掌上托时，前脚掌支撑，力达四肢，下沉上托，脊柱竖直，同时身体重心稍前移。年老或体弱者可自行调整提踵的高度。

③两掌上托时，强调的是意注两掌，而不是目视两掌。目视前下方，自然呼吸。

功效与作用

①通过上肢撑举和下肢提踵的动作导引，可调理上、中、下三焦之气，并且将三焦及手足三阴五脏之气全部发动。

②可改善肩关节活动功能，提高上下肢的肌肉力量，促进全身血液循环。

6. 第四式：摘星换斗势

口诀：双手擎天掌覆头，再从掌内注双眸，鼻端吸气频调息，用力收回左右眸。

（1）握固

接上式。两脚跟缓缓落地；同时，两手握固，拳心向外。

（2）下落

两臂下落至两侧，随后两拳缓缓伸开变掌，掌心斜向下，全身放松；目视前下方。

（3）左转

身体左转，屈膝；同时，右臂上举经体前下摆至左髋关节外侧"摘星"，右掌自然张开；左臂经体侧下摆至体后，左手背轻贴命门；目视右掌。

（4）上举，云展

直膝，身体转正；同时，右手经体前向上摆至头顶右上方，松腕，肘微屈，掌心向下，手指向左，中指尖垂直于肩髃穴；左手背轻贴命门，意注命门；右臂上摆时眼随手走，定势后目视掌心。静立片刻，然后两臂向体侧自然伸展后下落。

动作（5）和动作（1）～（4）动作相同，但方向相反。

◇肩髃穴：在臂的上端，臂外展或向前平伸时，肩峰前下方凹陷处。

技术要点

①转身时要以腰带肩，以肩带臂。颈、肩病患者动作幅度的大小可灵活掌握。

②目上视掌心时，注意松腰、收腹，左右臂动作要协调，自然放松。上体左右转动时，两腿直立不动，臂后屈手时手背贴附之力，须与上举之臂相应，自然呼吸。

③此势中的"目视掌心""意注命门"的要求似乎是要练习者一心两用，然而并非如此。在动作中，两眼目视手掌心时只要做到视而不见、看而无心即可。而在意注命门时，不要出现心散意乱或强烈的意守该处，而是要轻轻用意，似有似无。

功效与作用

①通过本势阳掌转阴掌（掌心向下）的动作导引，目视掌心、意注命门，将发动的真气收敛，下沉入腰间两肾及命门，可壮腰健肾、延缓衰老。

②可增强颈、肩、腰等部位的灵活性。

7. 第五式：倒拽九牛尾势

口诀：两腿后伸前屈，小腹运气放松，用力在于两膀，观拳须注双瞳。

（1）退左脚握拳

接上式。双膝微屈，身体重心右移，左脚向左侧后方约45°撤步；右脚跟内转，右腿屈膝成右弓步；同时，左手内旋，向前、向下画弧后伸，小指到拇指逐个相握成拳，拳心向上；右手向前上方画弧，伸至与肩平时，小指到拇指逐个相握成拳，拳心向上，稍高于肩；目视右拳。

（2）捯拉

身体重心后移，左膝微屈；腰稍右转，以腰带肩，以肩带臂；右臂外旋，左臂内旋，屈肘内收；目视右拳。

（3）前伸

身体重心前移，屈膝成弓步；腰稍左转，以腰带肩，以肩带臂，两臂放松前后伸展；目视右拳。

（4）上步

身体重心前移至右脚，左脚收回，右脚尖转正，成开立姿势；同时，两臂自然垂于体侧；目视前下方。

动作（5）与动作（1）至（4）动作相同，但方向相反。

技术要点

倒拽九牛尾中要用两臂用力拽拉，不是两拳或两臂的简单用力，而是与腰腹运动有着不可分割的关系。

①两臂的拽拉是在两腿成弓步后用力，用力的前提是要使身体充分伸展、放松。

②用力顺序是腰腹先用力旋转，下肢弓步、箭步腿屈，身体重心后移；同时，以腰带肩，以臂带拳，逐步用力。用力时两臂就如拽拉着牛尾一般，此时因用力而收腹较紧，重心稍沉。当身体转向正弓步方向时，既是动作的止点，是用力相对最大的时刻，也是用力后动作开始放松的转折点。

③放松顺序是当两臂用力拽拉至身体转向正弓步方向时，身体便开始放松。身体的放松与身体的用力一样，也是要从腰至拳逐个部位进行。身体重心后移，要随放松还原成弓步，人体的上半身犹如挑担姿势一般。

功效与作用

①通过腰的扭动，带动肩胛活动，可刺激背部夹脊、肺俞、心俞等穴，达到疏通夹脊和调练心肺的作用。

②通过四肢上下协调活动，可改善软组织血液循环，提高四肢肌肉力量及活动功能。

◇夹脊：两肩胛辅夹其脊，形成一夹道，因名夹脊。

◇肺俞：在背上部，身柱穴（第三与第四胸椎棘突之间凹陷处）的外侧一寸五分处。

◇心俞：在背中部，神道穴（第五与第六胸椎棘突之间凹陷处）的外侧一寸五分处。

8. 第六式：出爪亮翅势

口诀：挺身兼怒目，推手向当前，用力收回处，功须七次全。

（1）站步，合手

接上式。成开立姿势；同时，双臂摆至侧平举，两掌心向前；随之两臂内收，两手变柳叶掌立于云门穴前，掌心相对；目视前下方。

◇云门穴：在锁骨之下，肩胛骨喙突内方的凹陷处。

（2）扩胸，前推

展肩扩胸，然后松肩回收双臂，两臂缓缓前伸，并逐渐转掌心向前，成荷叶掌，指尖向上；瞪目。

（3）收回

松腕，屈肘，收臂，立柳叶掌于云门穴前；目视前下方。

技术要点

①出掌时身体正直，瞪眼怒目；同时，两掌运用内劲前伸，先轻如推窗，后重如排山，收掌时如海水还潮。

②收掌时自然吸气，推掌时自然呼气。

③立掌于云门穴前。云门穴是手太阴肺经上的穴位。

功效与作用

①中医认为"肺主气，司呼吸"。通过伸臂推掌、屈臂收掌、展肩扩胸的动作导引，可反复启闭云门、中府等穴，促进自然之清气与人体之真气在胸中交汇融合，达到改善呼吸功能及全身气血运行的作用。

②可提高胸背部及上肢肌肉力量。

◇中府：在云门穴下一寸六分，乳上三肋间。

9. 第七式：九鬼拔马刀势

口诀：侧首弯肱，抱顶及颈，自头收回，弗嫌力猛，左右相轮，身直气静。

（1）右转

接上式。躯干右转。

（2）抡臂

右手外旋，掌心向上；左手内旋，掌心向下。随后左手由胸前内收，经左腋下后伸，掌心向外；同时，右手由胸前伸至前上方，掌心向下。

（3）裹耳

躯干稍左转；同时，右手经体侧向前上摆至头前上方后屈肘，由后向左绕头半周，掌心掩耳；左手经体左侧下摆至左后，屈肘，手背贴于脊柱，掌心向后，指尖向上；头右转，右手中指按压耳郭，手掌扶按玉枕穴；目随右手动，定势后视左后方。

◇玉枕穴：在头后部，平枕外隆凸上缘的凹陷处。

（4）展

身体右转，展臂扩胸；目视右上方，动作稍停。

（5）合

屈膝；同时上体左转，右臂内收，目视右脚跟，含胸。

（6）起

左手沿脊柱尽量上推；动作稍停。

（7）伸臂

直膝，身体转正；右手向上经头顶上方向下至侧平举，同时左手经体侧向上至侧平举，两掌心向下；目视前下方。

（8）与动作（1）~（6）动作相同，但方向相反。

技术要点

①两臂动作，一臂屈肘，置于背后，手背尽可能向上贴于脊柱；另一手臂置于肩上，并用手指按压耳郭，掌心扶按玉枕穴。

②在做扩展胸廓动作时，要求两肩胛骨充分内收，使两肘如同鸟的翅膀一样充分展开；扶按玉枕穴的手臂向后展开时，肘尖还需向上用力领劲。两臂需适当用力，并在停顿的片刻中，增强伸展作用，注意不能使僵劲。

③在两膝微屈时，还要将展开的两臂放松，随后含胸收腹，上体侧转。此外，两肩胛骨充分外展，两臂则如鸟的翅膀一样向内合扣，下面的手臂沿脊柱尽量上推。

④高血压、颈椎病患者和年老体弱者，头部转动的幅度应小，且动作宜轻缓。

◇环跳穴：在大腿外侧的上部，股骨大转子与髋裂孔连线的外1/3与内2/3交接处。

10. 第八式：三盘落地势

口诀：上腭坚撑舌，张眸意注牙，足开蹲似踞，手按猛如拿，两掌翻齐起，千斤重有加，瞪睛兼闭口，起立足无斜。

（1）侧举开步

接上式，沉肩、坠肘。

（3）捧掌起身

翻转掌心向上，肘微屈，上托至侧平举；同时，缓缓起身直立；目视前方。

（2）屈膝，下蹲，转掌下按，并发嗨的音

两掌逐渐用力下按至约与环跳穴同高，两肘微屈，掌心向下，指尖向外；目视前下方。同时，口吐"嗨"音，音吐尽时，舌尖向前轻抵上下牙之间，终止吐音。

（4）收脚

左脚收回半步，约与肩同宽；两手握固，两臂屈肘内收至腰间，拳轮贴于章门穴，拳心向上。

◇ 章门穴：在腹侧部，第十一肋游离端稍下方处。

技术要点

①由于此势要求练习者在下蹲时用力，这对于练习者，特别是中老年人是困难的。通过下肢的屈伸活动，配合口吐"嗨"字音，使体内之气在胸腹间相应地降、升，达到心肾相交的效果。

②在吐"嗨"字音时，要注意不发声，即要求有音无声。并且吐"嗨"字音时，口微张，上唇微微用力压着龈交穴（上唇系带处），下唇松开，不能用力内收压着承浆穴（颏唇沟的中点）。音尽量从喉

部发出，音吐尽时，舌尖向前轻抵上下齿之间。

③瞪眼闭口，舌抵上腭，身体中正安舒。

功效与作用

①通过下肢的屈伸活动，配合口吐"嗨"字音，使体内真气在胸腹间相应地升降，达到心肾相交、水火相济。

②可增强腰腹及下肢力量，起到壮丹田之气、强腰固肾的作用。

11. 第九式：青龙探爪势

口诀：青龙探爪，左以右出，修士效之，掌平气实，力周肩背，围收过膝，两目注平，息调必谧。

（1）握住收回

接上式，目视前下方。

（2）伸右臂

右拳变掌，右臂伸直，经下向右侧外展，略低于肩，掌心向上；目随手动。

（3）屈肘左探

右臂屈肘、屈腕，右掌变龙爪，指尖向左，经下颌向身体左侧水平伸出，目随手动；躯干随之向左转约90°；目视右掌指所指方向。

（4）下按

右手龙爪变掌，随之身体左前屈，掌心向下按至左脚外侧；目视下方。

（5）转掌握固

躯干由左前屈转至右前屈，并带动右手经左膝或左脚前画弧至右膝或右脚外侧，手臂外旋，掌心向前，握固；目随手动视下方。

（6）起身

上体抬起，直立；右拳随上体抬起收于章门穴，拳心向上；目视前下方。

（7）和动作（2）～（6）动作相同，但方向相反。

技术要点

①做龙爪动作时，五指不可弯曲，应将五指伸直分开，拇指、食指、无名指、小指内收，力在爪心。

②伸臂探爪，下按画弧，力注肩背，前俯动作幅度适宜，直膝。动作自然、协调，目随爪走，意存爪心。

③年老和体弱者前俯下按或画弧时，可根据自身状况调整幅度。

功效与作用

①中医认为两胁属肝，肝藏血，肾藏精，二者同源。通过转身、左右探爪及身体前屈，可使两胁交替松紧开合，达到疏肝理气、调畅情志的功效。

②可改善腰部及下肢肌肉的活动功能。

12. 第十式：卧虎扑食势

口诀：两足分蹲身似倾，屈伸左右腿相更，昂头胸作探前势，偃背腰还似砥平，鼻息调元均出入，指尖着地赖支撑，降龙伏虎神仙事，学得真形也卫生。

（1）左转前扑

接上式。右脚尖内扣约45°，左脚收至右脚内侧成丁步；同时，身体左转约90°；两臂屈肘，两手握固；目随体转视左前方。

（2）再扑

左脚向前迈一大步，成左弓步；同时，两拳提至肩部云门穴，并内旋变虎爪，向前扑按，如虎扑食，肘稍屈；目视前方。

（3）下按

躯干由腰到胸逐节屈伸，重心随之前后适度移动；同时，两手随躯干屈伸向下、向后、向上、向前绕环一周。

（4）仰伸

随后上体下俯，两爪下按，十指着地；后腿屈膝，脚趾着地；前脚的脚跟稍抬起，随后塌腰、挺胸、抬头、瞪目；动作稍停，目视前上方。

（5）起身

起身，双手握固收于腰间章门穴；身体重心后移，左脚尖内扣；身体重心左移；同时，身体右转，右脚收至左脚内侧成丁步。

（6）和动作（1）~（5）动作相同，但方向相反。

技术要点

①动作中要求两手十指伸展，下按着地时抬头、挺胸、塌腰，其目的主要是伸展胸腹，从而刺激任脉，畅通气血，进而调理全身阴经之气，同时也可改善练习者腰腿部力量和柔韧性，起到强健腰腿的作用。

②在练习卧虎扑食势时采用高、低两种姿势，主要是为了调整动作难度和练习强度，以适应不同年龄和身体状况的练习者锻炼。

③动作姿势较低，动作幅度较大，对下肢力量及关节灵活性等要求较高，特别是对两手十指着地后的支撑能力要求较高，没有一定的力量与灵活性是很难完成动作的。这种低姿势的卧虎扑食势，由于其动作难度较大，更适合于中青年人以及身体健康的老年健身者。

④动作姿势较高，动作幅度较小，对下肢力量及关节灵活性等要求不高，两手十指不需要着地支撑，因而这种高姿势的卧虎扑食势动作难度较小，更适合于年老体弱、下肢活动不方便的练习者。

①中医认为任脉为阴脉之海，统领全身阴经之气。通过虎扑之势，身体的后仰、胸腹的伸展，可使任脉得以疏通及调养，同时可以调和手足三阴之气。

②改善腰腿肌肉活动功能，起到强健腰腿的作用。

◇任脉：奇经八脉之一。起始于中极之下的会阴部分，上至毛际而入腹内，沿前正中线到达咽喉，上行至颌下，循面部而进入目内。

13. 第十一式：打躬势

口诀：两手齐持脑，垂腰至膝间，头唯探胯下，口更咬牙关，掩耳聪教塞，调元气自闲，舌尖还抵腭，力在肘双弯。

（1）侧举，掩耳，鸣天鼓

接上式。起身，身体重心后移，随之身体转正。右脚尖内扣，脚尖向前，左脚收回，成开立姿势；同时两手随身体左转放松，外旋，掌心向前；外展至侧平举后，两臂屈肘，两掌掩耳，十指扶按枕部，指尖相对，以两手食指弹拨中指击打枕部7次。

（2）前屈

身体前俯，从头开始至颈椎、胸椎、腰椎、骶椎，由上向下逐节缓缓牵引前屈，两腿伸直；目视脚尖，停留片刻。

（3）起身

由骶椎至腰椎、胸椎、颈椎再到头，由下向上依次缓缓逐节伸直后变为直立，同时两掌掩耳，十指扶按枕部，指尖相对；目视前下方。

技术要点

①在规定动作中，身体有3次前屈和伸展导引，但并非简单的屈伸，而是要求脊柱各关节分别做向上或向下的拔、拉运动。

②身体前屈时，要求从头部开始下伸，依次拔伸颈椎、胸椎、腰椎、骶椎各关节，由上向下逐节缓慢地牵引，同时要求两腿伸直。起身伸展时，首先将用力牵引的头颈部位放松，然后再由骶椎开始依次向上，缓慢地牵拉腰椎、胸椎、颈椎各关节，直至身体伸直而成直立。

③在身体前屈和起身时要注意，每次屈伸时，掩耳的两掌不要辅助用力，要由躯干主动地牵拉屈伸。在身体前屈后起身前，用力牵引的头颈部位要放松，随后骶椎再做起身用力。此外，在重复第2、第3次的前屈之前，头颈要放松后再做牵引用力。

功效与作用

①中医认为督脉为阳脉之海，总督一身阳经之气。通过头、颈椎、胸椎、腰椎、骶椎逐节牵引屈伸，背部的督脉得到充分锻炼，可使全身经气发动，阳气充足，身体强健。

②可改善腰背及下肢的活动功能，强健腰腿。

③有消除大脑疲劳的功效。

◇督脉，起于小腹内胞宫，体表出曲骨穴，向下过会阴部，向后行于尾骶部的长强穴，沿人体后背上行，经项后部至风府穴，进入脑内，沿头部正中线，上行至巅顶百会穴，经前额下行鼻柱至鼻尖的素髎穴，过人中，至上齿正中的龈交穴。

14. 第十二式：掉尾势

口诀：膝直膀伸，推手至地。瞪目昂头，凝神一志。

（1）拔耳，前推

接上式，两手猛然拔离双耳，向前推掌，手臂自然前伸，十指交叉相握，掌心向内。屈肘，转掌心向下，收于胸前。

（2）外撑

翻掌前伸，掌心向外。

（3）回收

屈肘，转掌心向下，内收于胸前。

（4）下按

身体前屈塌腰、抬头，两手交叉缓缓下按；目视前方。

抬头目视前方

（5）左摆尾

头向左后转，同时，臀向左前扭动；目视尾间。

（6）抬头

两手交叉不动，放松还原至体前屈；抬头，目视前方。

抬头目视前方

◇尾闾：在尾骶骨末节。

（7）右摆尾

头向右后转，同时，臀向右前扭动；目视尾闾。

（8）抬头

放松起身还原，两手交叉不动。

技术要点

①在此势动作中，最困难的是要在身体充分前屈、双掌下按的情况下左右摇摆。因而，肢体柔韧性特别好的练习者，一般能够在双掌触地的情况下，完成摇头摆尾的动作；但对于那些缺乏锻炼，身体柔韧性不好的健身者来说，如果强求其在双掌触地的情况下做摇头摆尾的动作，就会导致手触地后不能形成抬头、挺胸、塌腰、翘臀的反弓姿势，腰背僵硬，不能完成躯干的左右扭动，很难达到应有的健身效果。所以，掉尾势动作不要只追求动作难度，动作幅度应灵活掌握，

关键是要按照动作规范尽量完成整势动作。

②颈椎病患者和年老体弱者，头部动作应小而轻缓，还应根据自身情况调整身体前屈和臀部扭动的幅度与次数。

功效与作用

①通过体前屈及抬头、掉尾的左右屈伸运动，可使任督二脉及全身气脉在此前各势动作锻炼的基础上得以调和，练功后全身舒适、轻松。

②可强化腰背肌肉力量，有助于改善脊柱各关节和肌肉的活动能力。

15. 收势

（1）上抱

接上式。两手松开，两臂外旋；同时，两臂伸直外展成侧平举，掌心向上；随后两臂上举，肘微屈，掌心相对；目视前下方。

（2）下引

松肩，屈肘，两臂内收，两掌经头、面、胸前下引至腹部，掌心向下；目视前下方。

（3）脚收回

两臂放松还原，自然垂于体侧；左脚收回，并拢站立；舌抵上腭；目视前方。

技术要点

①第一、二次双掌下引至腹部以后，意念继续下引，经涌泉穴入地。最后一次则意念随双手下引至腹部稍停。

②意念下引时，两臂匀速缓缓下行。

◇ 涌泉穴位于足底部，蜷足时足前部凹陷处，约当足底第2、3趾趾缝纹头端与足跟连线的前1/3与后2/3交点上。

功效与作用

①通过上肢的上抱下引动作，可引气回归于丹田。

②可起到调整和放松全身肌肉、关节的作用。

四、习练易筋经的注意事项

（1）精神放松，形意合一

习练时要求精神放松，意识平静，不做任何附加的意念引导。通常不意守身体某个点或部位，而是要求意随形体动作的运动而变化。即在习练中，以调身为主，通过动作变化导引气的运行，做到意随形走，意气相随，起到健体养生的作用。同时，在某些动作中，需要适当地配合意识活动。

（2）呼吸自然，贯穿始终

习练时，要求呼吸自然、柔和、流畅，不喘不滞，以利于身心放松、心平气和及身体的协调运动。相反，若不采用自然呼吸，而执着于呼吸的深长绵绵、细柔缓缓，则会在与导引动作的匹配过程中产生"风""喘""气"三相，即呼吸中有声（风相），无声而鼻中涩滞（喘相），不声不滞而鼻翼扇动（气相）。这样，习练者不但不受益，反而会导致心烦意乱，动作难以松缓协调，影响健身效果。因此，习练本功法时，要以自然呼吸为主，动作与呼吸始终保持柔和协调的关系。此外，在功法的某些环节中，也要主动配合动作进行自然呼或自然吸。

（3）刚柔相济，虚实相兼

易筋经的动作有刚有柔，且刚与柔是在不断相互转化的；有张有弛，有沉有轻，是阴阳对立统一的辩证关系。因此习练时，应力求虚实适宜、刚柔相济。要有刚和柔、虚与实之分，但习练动作不能绝对刚或柔，应做到刚与柔、虚与实的协调配合，即刚中含柔、柔中寓刚。否则，用力过"刚"，则会出现拙力、僵力，以致影响呼吸，破坏宁静的心境；动作过"柔"，则会出现疲软、松懈，起不到良好的健身作用。

（4）循序渐进，灵活选择

个别动作配合发音习练时，不同年龄、不同体质、不同健康状况、不同身体条件的练习者，可以根据自己的实际情况，灵活地选择各势动作的活动幅度或姿势。习练时还应遵循由易到难、由浅到深、循序渐进的原则。另外，本功法在练习某些特定动作的过程中要求呼气时发音（但不需出声）。

第五部分

24式太极拳

▶ 微信扫码 ◀

一、24式太极拳的起源

　　24式太极拳也叫简化太极拳，是国家体委（现为国家体育总局）于1956年组织太极拳专家汲取杨氏太极拳之精华编写而成的。尽管它动作总数不多，但相比传统的太极拳套路来讲，其内容更显精练，动作更显规范，并且也能充分体现太极拳的运动特点。呼吸方式上强调使用腹式呼吸，同时配合意念，这种呼吸锻炼扩大了肺活量。坚持练习可促进新陈代谢。

二、24式太极拳的类型

1. 按起源分

（1）陈氏太极拳

　　陈式太极拳起源于河南陈家沟，创始人为陈王廷。他将众家武术之长进行融汇，加上自己平生习武所悟，大胆创新而成了陈式太极拳。其特点是刚柔相济，快慢相间，有新架、老架、大架、小架之分。

（2）杨氏太极拳

　　杨氏太极拳起源于河北邯郸，创始人为杨露禅。他学拳于陈长兴，后在北京教授拳法。杨氏太极拳的拳架舒展简洁、结构严谨、身法中正，其特点是姿势舒展，平正朴实，练法简易。

（3）武式太极拳

　　武式太极拳起源于河北邯郸，创始人为武禹襄。武式太极拳的特点是"因敌变化、借力打人"，强调走内劲而不露外形，力求实现"人为我制，而我不为人制"的效果。

（4）孙式太极拳

　　孙式太极拳起源于河北完县（今河北省望都县），创始人为孙禄堂。孙禄堂在武式太极拳的基础上，将太极拳、形意拳、八卦掌融会贯通，创编了孙式太极拳，其特点是动作小巧轻灵，架高步活，柔缓圆活，转换轻盈，运动方向变化多。

（5）吴式太极拳

　　吴式太极拳是在杨式太极拳的基础上发展创新而来的，创始人为吴全佑。吴式太极拳的特点是以柔为主，拳架紧凑，拳法细腻。

2. 按架式分

太极拳按架式的大小还可以分为以下三种。

（1）大架式

陈氏太极拳和杨氏太极拳通常多采用大架式。大架式的特点是拳式舒展大方，轻灵沉稳兼而有之。

（2）中架式

以吴氏太极拳为代表，其拳架大小适中，长于柔化。

（3）小架式

以孙氏太极拳为代表，架式小巧紧凑，步活身灵。

三、24式太极拳的养生功效

1. 益大脑，预防神经系统疾病

在习练太极拳时一定要心静，让大脑处于充分的放松状态，进而通过意念、呼吸、动作配合，提升神经系统的灵敏性。长期习练，对神经衰弱、失眠等有较好的预防作用。

2. 畅血气，提高心肺功能

太极拳动作舒缓，可使全身肌肉放松，长期习练利于心脏血液循环。另外，太极拳不同于其他运动，习练时间不宜太短，一定时间的习练可增加机体的供氧量，利于气血通畅，促进新陈代谢，加强人体抵抗力，提高心肺功能。

3. 练肌肉，预防骨质疏松

习练太极拳，常常需要重心变换，加之习练中有许多搂、转动作，利于增强身体各部位肌肉的耐力。而老年人由于骨质疏松，常会因失去平衡而跌倒，从而导致骨折等。在太极拳中，有单腿撑体的动作，可适当加强习练，提高腿部力量。经常习练太极拳，可改善身体的柔韧性，预防骨质疏松。

4. 利消化，预防胃肠疾病

习练太极拳时的腹式呼吸，可对内脏起到按摩作用。而其中一些动作，比如舌抵上腭、唇齿轻闭，会增加唾液分泌，利于消化。长期习练，对胃病、便秘等都有较好的预防作用。

5. 静心神，除压力

习练太极拳要求心静体松，呼吸匀畅，刚柔相济，长期坚持可为机体各器官增加供氧量，习练后使人感到愉悦轻松。

现代科学的研究证实，经常习练

太极拳不仅可以治疗和预防各种疾病，还能延年益寿。

四、24式太极拳的基本动作

1. 基本手型

（1）掌

五指微屈分开，掌心微合，虎口成弧形。

（2）勾

五指自然捏拢，屈腕。

（3）拳

五指卷曲，四指扣于掌心，拇指压于食指、中指第2指节上。握拳不可太紧，拳面要平。

2. 基本步型

（1）虚步

后腿屈膝，大腿斜向地面，脚尖斜向前方，全脚着地；前腿稍屈，用前脚掌、脚跟或全脚着地都可。左脚在前称为左虚步；右脚在前称为右虚步。

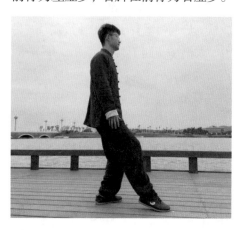

（2）开立步

两脚平行站立，距离约与肩同宽，脚尖朝前，两腿微屈，不要用力。

（3）丁步

一腿支撑体重，另一腿微屈膝，脚尖着地、脚跟提起。

（4）仆步

一腿全蹲，膝盖与脚尖略外撇，另一腿自然伸直，平铺接近地面，脚尖内扣。

（5）独立步

一腿站立，不可挺得太直，另一腿屈膝提起，小腿下垂，脚尖向前。

（6）弓步

一腿直立，另一腿向前方外侧向迈出，先以脚跟着地，脚尖向外撇，随着重心前移使全脚踏实，前腿弓，后腿蹬，成弓步。

五、24式太极拳的动作讲解

1. 起势

①双脚并拢，身体直立。

②微屈膝、左脚开步，与肩同宽。

③双臂前平举，与肩同高。

②微左转，展胯上步。

④屈膝按掌，落于腹前。

③弓步分掌斜靠。

2. 左右野马分鬃

（1）野马分鬃一

①左转身，收左脚点地抱球。

（2）野马分鬃二

①重心后移，左脚外展。

②跟右脚，抱球。

③微右转，展胯右上步，弓步分掌斜靠。

（3）野马分鬃三

①重心后移，右脚外展。

②上左脚，点地，抱球。

③微左转，展胯上步，弓步分掌斜靠。

3. 白鹤亮翅

①跟右脚，抱球。

②后移重心，分掌打开。

③上身微左转，目平视。

4. 左右搂膝拗步

（1）搂膝拗步一

①左转，右掌下落，左掌上托。

②右转，右臂上托，左掌平屈下按，收左脚，脚尖点地。

③左转上步，右臂屈臂，右手至耳侧。

④弓步搂推。

（2）搂膝拗步二

①后移重心，左脚外展。

②跟右脚，左臂上托，右臂平屈下按。

③右转，上右步，屈左臂。

④弓步搂推。

（3）搂膝拗步三

①后移重心，右脚外展。

②跟左脚，脚尖点地，右臂上托，左臂平屈下按。

③左转上步，屈右臂。

④弓步搂推。

5. 手挥琵琶
①右脚跟步。

②后移重心，右臂回收，左掌上提。

③左脚提脚再落脚，脚跟着地，同时合手。

6. 左右倒卷肱
①右臂后撤，展臂翻掌上托。

②左脚后撤，右臂屈臂，右手至耳侧。

③后移重心，左掌收至腹前，左臂后撤翻掌上托。

7. 左揽雀尾

①右转，收左脚，脚尖点地，双手抱球。

④撤右脚，左臂屈臂，左手至耳侧。后移重心，左掌前推，右掌收至腹前。（重复2次）

②左转，上左步。

③弓步分掌，左掤。

④右掌接左掌。

⑤后移重心，双掌下捋至腹前。

⑥右臂后撤，翻掌上托。

⑦左转，屈臂搭腕。

⑧弓步前挤，双手平抹打开。

⑨后移重心，双掌下按。

⑩弓步前推。

8. 右揽雀尾

①后移重心，扣脚转身。

②左移重心，收右脚，脚尖点地，双手抱球。

③右转，上右步，弓步右掤。

④左掌接右掌。

⑤后移重心，双掌下捋至腹前。

⑥左臂后撤，翻掌上托。

⑦右转，屈臂搭腕。

⑧弓步前挤，双手平抹打开。

⑩弓步推掌。

⑨后移重心，双掌下按。

9. 单鞭

①后移重心，扣脚，转身，左云手。

②右移重心，右云手。

③右掌变勾手，左掌上提。

④左转，上左步。

⑤弓步，翻掌，前推。

10. 云手

①后移重心，扣左脚，向右转身，右勾手变掌。

②左移重心，并步，左云手。

③左脚开步，右转，右云手。

动作②和③重复3次。

11. 单鞭

身体左转，上左步成弓步，翻左掌。

12. 高探马

①右脚跟步，后移重心，翻掌上托。

②提左脚，微屈右臂，右手至耳侧。

③落左脚，虚步前推右手。

13. 右蹬脚

①左前方上步，弓步左掌上穿。

②翻掌打开，双手画圆合抱。

③提右膝，双手向上，右掌在外，蹬右脚分掌。

14.双峰贯耳

①屈右膝落脚，双掌收至体前。

②双掌变拳，弓步贯打。

15.转身左蹬脚

①后移重心，扣右脚，转身。

②左转，双拳变掌合抱于腹前，收左脚，脚尖点地。

正面

正面

③提左膝，双手上托，左掌在外，蹬左脚分掌架推。

16. 左下势独立

①屈左膝落脚，脚尖点地，右掌变勾手，左掌摆至右肩前。

③左掌沿左腿内侧前穿，弓步挑掌。

②左腿仆步。

正面

正面

正面

④左脚外摆，提右膝，右掌上挑。

17. 右下势独立

①落右脚，脚尖点地，左转，左勾手上提，右手摆至左肩前。

③右脚外摆，提左膝，左掌上挑。

②右腿仆步，右掌沿右腿内侧前穿，弓步挑掌。

18. 左右穿梭

①左脚向前方上步。

④弓步架推。

⑤重心后移，微扣脚。

②跟右脚，抱球。

⑥跟左脚，脚尖点地，抱球。

③身体微右转上右步，屈膝松胯。

⑦左转上步，屈膝松胯。

⑧左弓步架推。

19. 海底针

①右脚向前跟进半步，重心后移，双掌下捋。

②提手提脚。

正面

③落脚，插掌。

20. 闪通臂

①收脚，搭腕。

②弓步架推。

21. 转身搬拦捶

①重心后移，扣脚转身，左臂平屈，右手成拳。

②右拳收至腹前，收右脚，脚尖点地。

③展胯出脚，搬拳。

④旋臂摆脚，上左步横拦。

⑤右拳收至腰间。

⑥弓步冲拳。

22. 如封似闭

①左掌穿臂，右拳变掌，双掌打开，与肩同宽。

②重心后移，双掌下按。

③弓步推掌。

23. 十字手

①重心后移，扣脚转身。

②右脚外摆，右臂展臂打开。

③重心左移，右脚内扣。

④左脚收半步，双脚与肩同宽，两手十字相合，右手在下。

24. 收势

①双手内旋翻掌，平抹打开，与肩同宽。

②双掌下落至体侧。

③收左脚并步。

六、习练24式太极拳的注意事项

1. 心静体松

所谓"心静"，就是指在习练太极拳时，思想上应排除一切杂念，不受外界干扰；所谓"体松"，并不是说全身松懈，而是指练拳时在保持身体姿势正确的基础上，有意识地让全身关节、肌肉等达到最大限度的放松状态。

2. 圆活连贯

"心静体松"是习练太极拳的基本要求，而是否做到"圆活连贯"才是衡量功夫深浅的主要依据。太极拳习练所要求的"连贯"是多方面的。其一是指肢体的连贯，即"节节贯穿"。肢体的连贯是以腰为枢纽的。

在动作转换过程中，有一定的要求：下肢是以腰带胯，以胯带膝，以膝带足；上肢是以腰带背，以背带肩，以肩带肘，再以肘带手。其二是动作与动作之间的衔接，即"势势相连"——前一个动作的结束就是下一个动作的开始，势与势之间没有间断和停顿。而"圆活"是在连贯基础上的进一步要求。

3. 虚实分明

要做到"运劲如抽丝，迈步如猫行"，首先注意虚实变换要适当，肢体各部分在运动中没有不稳定的现象。若不能维持平衡稳定，则谈不上"迈步如猫行"了。一般来说，下肢以主要支撑体重的腿为实，辅助支撑或移动换步的腿为虚；上肢以体现动作主要内容的手臂为实，辅助配合的手臂为虚。总之虚实不但要互相渗透，还需在意识指导下灵活变化。

4. 呼吸自然

习练太极拳的呼吸方法有自然呼吸、腹式呼吸、逆腹式呼吸等。以上几种呼吸方法，不论采用哪一种，都应自然、匀细，徐徐吞吐，要与动作自然配合。初学者可采用自然呼吸。

参考文献

[1] 陈炳. 正宗陈氏太极拳. 南京：江苏凤凰科学技术出版社，2016.

[2]《健康活力唤醒》编写组. 八段锦 五禽戏 太极拳 太极扇. 北京：化学工业出版社，2020.

[3]《健身活力唤醒》编写组. 八段锦. 北京：化学工业出版社，2019.

[4] 国家体育总局健身气功管理中心. 易筋经 五禽戏 六字诀 八段锦. 北京：人民体育出版社，2005.